세상의
모든 것은
자라고 있어

지은이 울프 닐손 Ulf Nilsson

1948년 스웨덴 헬싱보리에서 태어나 2021년 73세의 나이로 작고했다. 어린이 동화부터 어른을 위한 소설까지
폭넓고 다양한 그의 작품은 유머가 넘치고 풍부한 상상력과 따스한 시선이 잘 어우러져 있다.
스웨덴의 유명 문학상인 '아스트리드 린드그렌상'을 비롯하여 '어거스트 프라이즈'를 두 번이나 수상하였고
미국 도서관 협회에서 수여하는 바첼더상을 받았다. 많은 작품이 전 세계 여러 언어로 번역되어 널리
읽히고 있으며 대표 저서로는 《내 작은 친구, 머핀》, 《세상에서 가장 멋진 장례식》, 《우리 할머니가 이상해요》,
《나는 형이니까》, 《세상에서 가장 멋진 음악회》 등이 있다.

그린이 세실리아 헤이낄레 Cecilia Heikkilä

1984년 스웨덴 볼렝에서 태어났으며 그래픽 디자이너 및 일러스트레이터인 동시에 동화책 작가이자
삽화가로서 주로 아동 도서 작업을 하고 있다. 《니나를 위한 크리스마스 스웨터》, 《오소리의 여행》 등
동물과 자연에 대한 사랑이 녹아 있는 그림책을 다수 발표하며 호평을 받고 있다.

옮긴이 전은선

이화여자대학교 무용과를 졸업하고 한국 유니버설 발레단과 스웨덴 왕립 발레단에서 전문 발레리나로 활동했다.
귀국 후, 한양대학교 겸임교수 및 서울발레시어터 부예술감독을 역임하고 현재 후진 양성에 힘쓰고 있다.
스웨덴 거주 당시 즐겨 읽었던 스웨덴 문학을 한국에 소개하고자 번역에 발을 들였다.
역서로는 스웨덴 여성 그래픽노블 작가 밀린 스코그베리 노드가 그린 성소수자의 삶과 고민에 관한
청소년 만화 《니키》가 있다.

Allt ska Växa
© Text: Ulf Nilsson 2021
© illustration: Cecilia Heikkilä 2022
All rights reserved.

First published in Sweden by Lilla Piratförlaget AB in 2022.
This Korean edition was published by arrangement with Lilla Piratförlaget AB Sweden through
HAN Agency Co., Korea.

이 책의 한국어판 저작권은 한에이전시를 통해 저작권자와의 독점계약으로 우리나비에 있습니다. 저작권법에
의해 한국 내에서 보호를 받는 저작물이므로 무단 전재와 무단 복제를 금합니다.

식물학자 칼 폰 린네의 어린 시절 이야기

세상의 모든 것은 자라고 있어

울프 닐손 글 세실리아 헤이낄레 그림 전은선 옮김

우리나비

1714년 3월 6일, 스웨덴 스몰란드의 로스율트, 스텐브로율트

1.

칼은 하얗게 쌓인 눈 위를 앞서서 걸었다.
그는 파란색 코트에 큰 장화를 신고 있었고 얇은 나무 막대 하나를
들고 있었다.
칼의 발자국을 따라 동생 안나도 깡충깡충 뒤따랐다.
소녀가 쓰고 있는 빨간 모자가 하얀 눈 위에 도드라져 보였다.
"아직 멀었어?"
안나가 물었다.
그리 먼 길은 아니었지만 눈 위를 걷는 건 쉬운 일이 아니었다.
큰 숲 뒤에 작은 들판이 있고 그 뒤로 로스율트라는 곳에
농장이 있었다.
그곳은 이사 가기 전 칼의 가족이 살던 곳이었다.
"내가 아주 재밌는 걸 보여 줄게. 내가 뭔가 키우고 있거든."
"겨울에는 아무것도 자라지 않잖아."
"모르는 소리! 세상의 모든 건 언제나 자라고 있어. 자, 빨리 가자!"

둘은 농장 쪽으로 걸어갔다.
통나무로 된 집 위에는 검은 새 한 마리가 앉아 있다가
발자국 소리에 놀라 눈 덮인 들판 너머로 날아가 버렸다.
'검은지빠귀네.'
칼이 속으로 중얼거렸다.
둘은 늙고 비쩍 마른 나무가 있는 곳에서 멈춰 섰다.
"여긴 아무것도 없잖아."
실망스러운 듯 안나가 말했다.

"나무들은 자라! 저 안에서는 계속 자라고 있어.
이 나무 이름이 뭔지 알아?"
안나는 대답이 없었다.
칼은 걸어오던 길에서 벗어나 앙상한 나무로 가서 밑동을
발로 툭툭 찼다.
"이건 린다야! 아빠가 우리 성을 이 나무 이름이랑 비슷하게
지었잖아. 라틴어가 약간 섞이긴 했지만. 그래서 너랑 내 성이
린네아야. 칼 린네아. 그리고 안나...."
"안나 마리아 린네아, 지금은 네 살인데 곧 다섯 살이 되지."
안나가 칼의 말을 가로채며 말했다.
"하하, 그렇지. 이제 다른 걸 보여 줄게!"

농장에는 건물 네 채가 있었다.
외양간에서는 소와 양의 울음소리가 희미하게 들렸고 닭장에서는
닭들이 꼬꼬댁거리고 있었다.
빨간색으로 칠해진 창고도 하나 있었고 그 옆 작은 건물에는
사람들이 살고 있었다.
그때 갑자기 개 한 마리가 나타나 시끄럽게 짖기 시작했다.
안나는 그 소리에 깜짝 놀라 두 손으로 얼굴을 가렸다.
"비쎄! 저리 가서 앉아!"
칼이 소리치자 그 개는 이리저리 뛰어다니다가 이내 어디론가
사라져 버렸다.
칼은 통나무집의 작은 창문 안을 들여다보았다.
집 안에서 아주머니 한 분이 창가에 앉아 구멍 난 양말을 꿰매고
있었다.
아주머니와 서로 손을 흔들며 인사하는 걸 보니 칼은 이곳에
자주 오는 것 같았다.
"이쪽이야! 여기! 이게 내 거야!"
모퉁이를 재빨리 돌며 칼이 말했다.

2.

통나무집 뒤로는 아빠가 심어 놓은 잎채소, 양배추, 당근 밭이 있었고 그 중간에는 작은 공터가 하나 있었다. 그곳의 땅은 다른 곳보다 살짝 더 높았다.
"이게 뭐야?"
"내 정원. 아빠가 여긴 내 거라고 했어."
칼은 막대기를 들어 참나무와 자작나무들이 있는 숲을 가리켰다.
거기에는 장정 여럿이 장작을 패고 있었고 주변의 말들은 하얀 입김을 내뿜고 있었다.
"저기 보여? 저기에 곧 파란 바람꽃이 필 거야. 그런 다음 하얀 바람꽃과 노란 바람꽃도 무더기로 피겠지. 그렇지만 여기는 아무거나 피지는 않을 거야. 여기는 내 정원이 시작될 곳이거든."
"근데 지금 여긴 쌓인 눈 말고는 아무것도 없잖아."
안나가 빈정대자 칼은 웃음을 터트렸다.
"그냥은 안 보이지. 눈을 감고 상상을 해 봐!"

안나는 생각하려 애쓰며 머리를 이리저리 흔들었다.
"여기에 지금 꽃들이 있다고 상상해 봐. 노랑, 파랑, 빨강 그리고 멋진 식물들까지."
"어떤 꽃들을 상상해야 해?"
"쑥국화, 각시능금나무, 왕관초, 오이풀, 우유초, 물푸레나무 같은 것들 말야."

"하지만 난 그 꽃들이 어떻게 생겼는지 모르는데."
"그럼 나처럼 생각해 봐. 난 이렇게 꽃들을 상상해.
모든 꽃들은 각각 다르게 생겼고 이곳은 하느님이 만든
세상에서 가장 아름다운 곳이라고."

"잘 안 되는데!"
"아니야. 조금만 더 떠올려 봐. 어떤 무늬나 모양이라도
상관없어!"
안나는 마음속으로 눈앞에 펼쳐진 환상적인 정원을
그려 보았다.
거기에는 매우 아름답게 색을 입힌 꽃들과 한 번에 다
먹을 수 없을 만큼 과일과 채소가 가득 실린 수레도 있었다.
꽃향기가 공기를 가득 채웠고 벌들이 윙윙거리고
작은 새들의 지저귐과 뻐꾸기 소리도 아름답게 들려왔다.
"우와, 엄청나게 많은 꽃들이 보여. 오빠도 보여?"
"응, 나도 보여."

"근데 너무 많은 것들이 한자리에 있는 것 같아서
정신없어 보여. 종류별로 나누고 정리하면 좋겠어."
"그치만 실제로 여긴 눈밖에 없잖아. 모두 죽어 버렸다고."
"아냐, 아직 죽지 않았어. 살아 있는 것들은 모두 다시
자랄 거야."
"정말?"
"흠… 내가 꼭 선생님처럼 말하네."
칼은 생각에 잠긴 듯한 표정으로 말했다.

칼은 동생을 창고 쪽으로 데리고 갔다.
짚으로 만든 지붕 위에 쌓인 눈이 햇볕에 녹아 똑똑 떨어지고 있었다.
벽 가까이에는 식물의 마른 줄기들이 몇 가닥 솟아 있었다.
"봐, 이것들도 살아 있어. 방울새풀, 목사풀 그리고 서양가새풀들이야."
"이 풀들의 이름을 어떻게 다 알아?"
"아빠가 난 모든 걸 안다고 하셨어."
칼은 자랑스럽게 말하며 막대기를 줄기들 사이에 세우고 높이를 쟀다.
"9인치네. 정상이야. 꽃에는 씨가 많이 들어 있는 방이 있어. 씨들은
이 작은 씨방 안에서 따뜻한 봄이 오면 바람에 날아가기만을
기다리고 있지. 식물도 아기처럼 엄마와 아빠가 있어.
그렇게 식물들도 계속 영원히 살아갈 수 있는 거야."

3.

"목사풀이라고 해서 생각났는데, 엄마는 오빠가 커서 목사가
될 거래."
씨방을 쳐다보며 안나가 말했다.
"아니, 그렇지 않아."
"그럼 오빠는 커서 뭐가 되고 싶은데?"
"난 꽃에 관한 공부를 할 거야. 항상 꽃에 대해 궁금했어.
꿈에서도 꽃이랑 놀 정도라니까."
"엄마는 목사가 될 거라고 했는데!"
"아냐, 저번에 점쟁이를 만났는데, 자기는 주로 귀신들을
쫓아내는 일을 하지만 나한테는 내 미래를 알려 준다고 했어.
나를 붙잡고 내 두 눈을 뚫어져라 바라보면서 내가 아~주
중요한 사람이 될 거라고 했어! 이건 아무에게도 말하면
안 되는데...."
칼이 말끝을 흐리자 안나는 코웃음을 쳤다.

"에이, 오빠는 그냥 평범한 남자아이잖아. 그것도 보잘것없는
통나무집에서 태어난."
안나는 이사하기 전 로스율트의 아주 작은 통나무집을
손으로 가리켰다.
안나도 그곳에서 태어났다.
부유하지도 않고 그리 특별할 것도 없는 집이었다.
"개천에서 용 난다는 말도 있잖아."
칼이 퉁명스럽게 대답했다.

안나는 칼의 말에 동의하고 싶지 않은 듯 발로 눈을 걷어찼다.
"넌 우선 식물에 대해 좀 더 알아야 해. 식물과 동물은 서로 연결되어 있고 공생하며 살아가거든."
"오빠랑 나도 같은 종류야?"
'바람꽃들도 섞인 채로 자라곤 하는데….'
칼은 막대기로 땅을 꾹꾹 찌르며 잠시 생각했다.
"하얀 바람꽃! 그게 너야. 노란 바람꽃은 나고!"
"난 노란 바람꽃이 더 좋은데…."
"그럼 파란 바람꽃은 어때? 아니다, 그건 사촌 마쎄한테 더 어울릴 것 같다."
칼이 멋쩍게 웃으며 말했다.
"그런데 꽃은 종류도 엄청 많을 것 같아."
"꼭 그렇지도 않아! 가끔 돌연변이 같은 걸 빼면. 세상의 모든 것은 서로 연결되어 있지만 가끔 돌연변이들도 있거든. 동식물 모두."

칼의 말에 안나는 주위를 둘러봤다.
장작더미 근처에서 일하고 있던 남자들과 발을 동동거리던 말들이 보였다.
그때 닭장 주변에서 검은 물체가 잠시 어른거리다 사라졌다.
안나는 갑자기 무서운 기분이 들었다.
'돌연변이라면 혹시 괴물은 아닐까?'

"정리를 하려면 모든 꽃들을 나열해야 해. 반드시 모든 종류여야 해. 그런 다음 이름을 붙이는 거야. 성과 이름 둘 다. 그리고 이름에 넣어야 할 게 하나 더 있는데...."
"그게 뭔데?"
"이름은 라틴어로 붙일 거야. 그래서 난 요즘 아빠와 라틴어 공부를 하고 있어. 성과 이름, 그리고 엘(L)을 넣을 거야. 누가 만든 이름인지 알 수 있도록 말야. 그리고 마침표도 찍어야지."

칼은 막대기로 눈 위에 엘(L)을 쓰고는 옆에 점 하나를 찍었다.
"린네아. 오빠 이름 아니야? 그럼 꽃이 모두 오빠 거라는 거야?
어이가 없네."
안나가 코웃음을 치자 칼은 팔짱을 끼고 꼿꼿이 서며
자신만만한 표정을 지었다.
"그렇게 될 거야. 날마다 꿈속에서 꽃과 논다면 그게 내가 가야 할 길
일 테니까. 저기 북쪽 숲에는 아주 작고 여린 꽃이 하나 있는데,
그 꽃에 내 이름 린네아를 붙일 생각이야. 린네아 보레알리스 엘."
'아니, 그게 가능하다고?'
칼의 단호해진 말투에 안나는 웃음을 멈추고 의아한 표정으로
생각했다.
"꽃에 오빠 이름을 막 넣어도 돼?"
"안 될 것도 없지... 하지만 그러기 전에 먼저 모든 꽃들을
정리해야 해."

4.

"그럼 내가 정리하는 거 도와줄게! 나도 그런 거 잘해."
칼이 의심스러운 눈초리로 안나를 바라봤다.
"어떻게 할 건데?"
"음, 큰 것은 큰 것끼리 작은 것은 작은 것끼리. 그리고 거기에 오빠 이름의 철자도 쓸게."
통나무 창고 옆에는 말발굽을 다듬는 연장을 올려놓을 수 있는 작은 회색 벤치가 하나 있었다.
칼과 안나는 해가 잘 비치는 벤치에 나란히 앉았다.
"내가 뭐 하나 보여 줄게. 이건 아무에게도 보여 주지 않은 거야."

칼은 장갑을 벗고 재킷 안주머니에서 검은색의 작은 노트 한 권을 조심스럽게 꺼냈다.
"내 일기장이야."
칼은 마지막으로 두 줄을 적은 장을 열었다.
"뭐라고 쓰여 있어? 난 글을 못 읽잖아."
"1714년 3월 6일. 바로 오늘이야! 나는 오늘 동생 안나에게 모든 걸 보여 줄 것이다. 여태 보여 주지 못했는데 오늘만큼은 다 보여 줄 것이다...."
"우와!"
안나는 함박웃음을 지었다.

칼은 노트를 뒤적이다 어느 한 장을 펼쳤다.

거기에는 여러 종류의 꽃잎이 있었다.

가는 것, 꼬여 있는 것, 작고 여러 개의 점이 있는 것, 크고 울퉁불퉁한 참나무 잎까지 들어 있었다.

"꽃의 종류를 비슷한 이파리들끼리 나누는 거야?"

"아니."

칼이 뒤로 몇 장을 더 넘기자 이번에는 물감으로 그려진 여러 색상의 꽃 그림이 나왔다.

"그럼 꽃의 색깔로 나누는 거야?"

이번에도 칼은 고개를 저었다.

일기장의 제일 첫 번째 장에는 칼이 납작하게 눌러 놓은 꽃이 있었다.

"이게 바로 린네아라고 이름 지을 내 꽃이야."

얇고 긴 줄기 위에 두 송이의 꽃이 서로 등지고 머리를 떨군 모습이었다.

"여길 봐. 내가 꽃잎을 들면 그 안에 수술이 있는 게 보이지?"

"이 조그만 바늘 같이 생긴 것들?"

"응, 그게 몇 개나 될 것 같아?"

"하나, 둘, 셋...."

안나가 숫자를 세며 꽃을 만지작거리자 작은 수술들 중
하나가 칼의 무릎 위로 떨어졌다.
"네 개."
"조심해야지. 장갑 낀 손으로 만지니까 떨어지잖아!"
칼이 나무라듯 말했다.
"네 개 맞아. 꽃에는 보통 암술과 수술이 있는데 여기에는
수술만 있는 것 같아. 이게 왜 그런 건지 연구할 거야."
칼은 아주 만족스러운 얼굴로 일기장을 닫고는 벤치에서 일어났다.

5.

칼은 이내 막대기로 자기 정원을 여기저기 쑤시고 다니느라 정신이 없었다.
"그리고 난 여기 곤충과 새 같은 것들도 하나하나 정리할 거야."
"그런 것들이 거기에 마냥 붙어 있을까?"
"모든 종류의 동물들 말이야, 난 모든 것들을 정리해야 돼!"
칼은 안나의 의심 따위에는 아랑곳없이 대답했다.
"그럼 내 이름을 붙인 안나 꽃은? 그건 어떤 꽃인데?"
"음, 그건 아주 귀여워야 하는데... 네 이름은 산딸기에 넣는 게 좋겠어. 달고, 맛있고, 귀하니까. 그리고 언제나 숲속의 내 꽃 옆에서 자라날 거야. 잠깐, 말하다 보니 아이디어가 하나 떠올랐어."

"아빠가 아주 환상적인 과일에 대해 얘기해 준 적이 있어!
파인애플이라는 것인데 미국에서 왔고 맛이 아주 달다고 했어.
언젠가는 그것의 이름을 아나나스라고 지어야겠어."
두 남매는 서로 마주 보며 깔깔거렸다.
"아나나스! 안나의 아나나스!"

닭장의 닭들은 연신 꼬꼬댁거렸고 외양간에서는 소 한 마리가 느긋하고 구슬프게 음매 소리를 냈다.
안나는 어두운 외양간 주변에서 뭔가 심상치 않은 기운을 다시 느꼈다.
"여기에도 귀신이 있을까? 혼령이나 괴물, 숲속 요괴 같은 것들 말야. 오빠, 왜 구석은 항상 어두운 걸까?"
칼은 한동안 대답을 미루다가 입을 열었다.
"흠, 내가 나중에 한번 둘러볼게. 그렇지만...."

칼은 또다시 분주히 왔다 갔다 하기 시작했다.
"난 해야 할 게 너무 많아. 여기저기 돌아다니며 식물들을 찾아야 해. 그게 무엇에 쓰이고 어디에 좋은지를 말이야."
"스몰란드 전체를?"
"아니, 스웨덴 전체를! 저 산꼭대기에서부터 땅끝까지! 그리고 전 세계로도 나갈 거야."

"그걸 어떻게 오빠가 다 해? 혼자서 전부 감당할 수 있겠어?
오빤 아직 일곱 살밖에 안 됐잖아."
"쉿, 모르는 소리 하지 마. 난 식물학 박사 학위를 따서
교수가 될 거야. 그리고 국왕의 사절단이 되어 상도 많이 받고
사람들에게 존경받는 사람이 될 거야."
칼은 마치 비밀이라도 털어놓듯 나지막이 속삭였다.
"그건 시내에 사는 부자들만 할 수 있는 거 아니야?
오빠는 시골에 사는 그냥 평범한 남자아이잖아."
칼에게 안나의 말은 안중에도 없었다.
"그리고 난 학생들을 아프리카와 일본, 미국으로 보내서
연구하게 할 거야."
"그럼 그 학생들이 파인애플을 가져오면 되겠네!"

말이 끝나자마자 안나는 사뭇 진지해졌다.
"그럼 나는? 난 커서 뭐가 될까?"
칼은 못 들은 척 자신의 말을 이어 갔다.
"나는 곧 벡훼에 있는 학교에 들어갈 거야. 자, 이제 외양간으로 가자."
닭장 밖의 지푸라기 더미 위에는 박새 여러 마리가 앉아 있었다.
"노란배박새, 푸른박새 그리고 저기 있는 건 집참새와 회색머리지빠귀야.
이렇게 나는 항상 주위를 둘러봐야 해. 내 눈은 야생 동물처럼 밝아."
멀리서 까마귀 한 마리가 내는 까악까악 소리가 들려왔다.
"그리고 듣는 것도 잘하지! 난 모든 것을 공부하고 설명하고
이름을 지을 거야."

6.

칼은 작은 닭장 문을 열었다.
창문 하나에서 햇빛이 새어 들어왔다.
닭들은 사료를 주러 온 줄 알고 남매에게 앞다퉈 모여들었다.
수탉이 꼬끼오 하며 울었다.
빨간 암탉 한 마리는 알을 품느라 둥지에 앉아 털을 곤두세우고 있었다.
칼이 암탉 밑으로 손을 넣자 암탉이 애처롭게 울었다.
칼은 밝은 바탕에 점들이 박힌 달걀 하나를 집어 들었다.
"이걸 봐. 정말 대단하지 않아? 이 안에 세상의 모든 이치가 다 들어 있어!"
칼이 안나에게 달걀을 넘겨주었다.
"이게 뭐? 그냥 보통의 달걀인데...."
"이 달걀 안에는 병아리가 자랄 수 있도록 모든 것이 들어 있거든. 그래서 난 달걀이 너무 좋아."
칼은 다시 달걀을 암탉의 따뜻한 배 밑으로 살며시 가져다 놓았다.

남매는 따뜻한 외양간 실내로 들어갔다.
소 두 마리가 그들을 무심히 쳐다봤다.
양들은 자기 우리에서 편히 쉬고 있었다.
돼지는 뒷다리를 기대고 앉아서 실눈을 뜨고 남매를 노려보았다.
고양이 한 마리가 그들에게는 관심도 없는 듯 자기 몸을 핥고 있었다.
"소, 양, 돼지 그리고 강아지 비쎄. 모두 다르지! 그런데 어떻게 같은 종류인 걸까?"
칼이 한숨을 쉬며 말했다.
"정말 너무 많은 것들을 알아야 하고 정리해야 해."
"고양이와 개는 아마 다를걸?"

소 한 마리는 새끼를 뱄는지 배가 뚱뚱했다.
"저 소의 배가 얼마나 불렀는지 봐! 배 속 안락한 곳에 송아지가 들어 있겠지. 이제 곧 낳을 것 같아. 양은 새끼 양을 낳고, 돼지는 귀여운 새끼 돼지를 낳지. 모든 게 그렇게 태어나고 자라는 거야."
창가에 통통한 파리 한 마리가 날아다니다가 그만 거미줄에 걸려들어 파닥거렸다.
"전 세계에 있는 수백 종의 곤충들과 거미들도 정리해야 해!"
그때 창밖 어두운 곳에서 뭔가 수상한 기척이 들려왔다.
안나는 조심스럽게 창밖을 내다봤지만 아무것도 보이지 않았다.

칼이 문을 열자 안나가 재빨리 뛰어나갔다.
"방금 저 모퉁이로 뭔가 사라지지 않았어?"
밖에 아빠가 감자와 채소 뿌리들을 높이 쌓아 둔 더미가 보였다.
겨울을 나기 위해 감자와 당근 모종을 모래와 지푸라기로 덮어
놓은 것이었다.
"모든 종류들!"
칼은 막대기로 더미를 이리저리 찔러 보았다.
"사람은 동물들 중에서 가장 위에 있어."
"아니, 내가 동물이라니! 난 고릴라도 아니고 사람이라고!"
안나가 기분이 상한 듯 말했다.
그러자 칼은 큰 고릴라처럼 소리를 지르며 안나를 번쩍 들어 올리고는
눈 덮인 바닥에 눕혔다. 그러고는 자신도 옆에 누우며 한바탕 웃음을
지었다.
"모든 걸 내가 정리할 거야. 세상의 모든 것은 서로 연결되어 있고
그렇지 않은 것은 돌연변이라고 부를 거야. 푸른 잎의 하얀 바람꽃이
바로 그런 거지. 모든 걸 알아내기 전까지는 다 수수께끼라고 아빠가
그러셨어."
"그럼 모퉁이의 그림자는?"
"그것도 네 눈으로 직접 확인해 보면 별거 아닐지도 몰라."

"오빠랑 나는 같은 종류야?"
"그럼, 당연하지! 너랑 나랑은 나란히 옆에 있지."
칼은 장갑에 묻은 눈을 조금 떼어서 맛을 봤다.
"그럼 난 크면 뭐가 되는데?"
"뭐, 그냥 보통의 여자아이들처럼 되지 않을까? 엄마가 넌 누군가의
아내가 될 거라고 했어. 목사에게 시집보낼 거라고."
"목사 싫어! 나도 벡훼에 있는 학교에 다니고 싶어.
오빠처럼 모든 식물을 찾아내고 이름을 붙이고 해야 공평하잖아.
나도 엘(L)과 마침표를 붙이고 싶다고."
안나는 앉은 자리에서 벌떡 일어나 말하기 시작했다.
"오빠랑 나랑 정글을 헤치며 동물들을 찾아다닌다고 생각해 봐.
난 호랑이처럼 꽃들 사이를 누비고 다닐 거야. 살금살금 다른
동물들에게 들키지 않도록. 그리고 주변에는 극락조도
울고 있을 거야."

"흠, 그렇게 된다면 너무 좋겠다. 근데 엄마는…."
"그래도 한번 생각해 봐! 오빠가 나한테 모든 꽃들에 대해
가르쳐 주면 되잖아!"
칼은 잠시 생각에 잠겼다.
"그래, 그건 나도 좋아. 내가 다 가르쳐 줄게!"
칼은 큰 소리로 웃으며 동생을 다시 눈 위에 앉히고는
배를 간지럽히기 시작했다.
"사람은 꿈을 가지면 전부 이룰 수 있다고 아빠가 그랬어.
모든 걸 말이야!"

7.

안나는 문득 조금 전에 봤던 검은 그림자들이 생각났다.
그림자는 여전히 통나무집 주위를 맴돌고 있었다.
그때 갑자기 지붕에 쌓여 있던 눈이 와르르 쏟아져 내렸다.
눈은 안개처럼 흩날리며 하얀 구름을 만들어 냈다.
그 구름 속에서 비명 소리가 들려왔다.
쏟아진 눈더미 안에서 누군가가 기어 나오는 것이 보였다.
칼은 막대기를 칼처럼 치켜들었다.

"어휴, 진짜!"
한 소년이 눈투성이 옷을 털어 내며 탄식했다.
"내가 계속 지켜보고 있었어."
안나가 소년을 노려보며 말했다.
"왜 여기 숨어서 돌아다니는 거야?"
칼은 소년이 자기보다 키가 더 크다는 것을 알고는 짐짓
기죽지 않은 척 말했다.
안나의 눈에는 소년과 오빠가 같은 또래로 보였다.
다른 눈더미 뒤에는 또 한 명이 숨어 있었다.
소년은 눈더미 뒤로 가더니 어린 소녀의 손을 잡고 나왔다.
소녀는 체구보다 훨씬 더 큰 회색 코트를 입고 있었다.
두 손은 파랗게 얼어 있었고 얼굴은 콧물 범벅이었다.
"너희들 왜 여기 숨어 있는데?"
칼이 다시 묻자 소녀는 훌쩍훌쩍 흐느끼기 시작했다.
"우린 릴토르쁘라는 마을에 사는데 거기에는 먹을 게 하나도 없거든.
그래서 여기 아주머니에게 먹을 것 좀 얻으러 왔어.
문을 두드리려고 하는데…."
"아하!"
칼은 그제야 고개를 끄덕였다.
"그런데 너희들이 있어서 망설이고 있었던 거라고."
소년은 나지막이 말하고는 소녀를 끌어당겨 눈물을 닦아 주고
자기 모자를 벗어 옷에 묻은 눈도 털어 주었다.

"우린 먹을 것이 좀 필요해. 춥고 배도 많이 고프거든."
네 아이는 마치 거울을 보듯 각각의 상대를 마주 보고 서 있었다.
안나는 그런 자기들 모습이 마치 쌍둥이 같다고 생각했다.
그러나 릴토르쁘에서 온 아이들은 훨씬 더 말랐고 얼굴은 돌처럼 잿빛이었다.
안나는 문득 아빠의 채소 주머니가 생각났다.

"아빠의 채소 주머니에 아마 당근이 있을 거야."
안나의 말에 칼은 모래와 지푸라기 사이에서 주머니 몇개를 꺼냈다.
그러고는 짚으로 엮은 주머니를 무릎 위에 올려 놓고 당근 두 개를
꺼내어 아이들에게 주었다.
크고 예쁜 주홍빛 당근은 아빠가 네덜란드에서 가져온 씨앗에서
자란 것이었다.
"안나, 너도 하나 먹을래?"
안나가 웃으며 고개를 끄덕였다.
칼은 아주 뿌듯해하며 라틴어로 크게 소리 내어 말했다.
"다우쿠스 카롯타 엘."

"나도 이제 오빠처럼 학교에 가고 싶어! 너희도 벡훼에 있는 학교에 가니?"
안나가 아이치고는 다소 의젓하게 물었다.
"아니, 우린 길에 있는 돌을 치우는 일을 할 거야."
소년이 당근을 우걱우걱 씹어 먹으며 말했다.
"차갑고 무거운 돌들이지."
소녀도 한마디 거들었다.
"그걸 하면 손이 무척 아파."
"아주 고된 일이야!"
소년과 소녀가 번갈아 가며 말을 덧붙였다.
두 남매들은 서로 상대방을 마주하고 섰다.
"그 막대기는 뭐야?"
소년이 칼의 나무 막대에 관심을 보이며 물었다.
"우리 오빠는 이걸로 꽃들의 키를 재."

두 아이는 여전히 궁금증이 풀리지 않은 얼굴이었다.
"우리 오빠는 꽃에 관한 연구를 해. 그리고 나에게 꽃에 대해 가르쳐 주고 있었어. 너희도 꽃에 대해 공부하고 싶지 않니?"
"왜 하필 꽃이야?"
소녀가 순박한 표정으로 물었다.
"세상의 모든 것은 자라고 있어. 우린 그게 어떻게 자라는지 알아야 해."
안나의 말에 릴토르쁘 남매는 서로 멀뚱히 쳐다보며 도통 모르겠다는 표정을 지었다.
"모든 것이 어떻게 커 가는지 알아내는 거지! 그리고 우리 오빠는 교수가 될 거...."
"자, 자, 이제 집에 가서 저녁 먹을 시간이야."
칼이 얼굴을 붉히며 황급히 안나의 말을 끊었다.
"너희들은 일단 저기 가축들이 있는 따뜻한 곳에 들어가 있어."
"오빠, 외양간에 배고픈 아이들이 있다고 아주머니에게 말할 거지?"
안나의 말이 끝나기가 무섭게 굶주린 남매는 따뜻한 외양간 안으로 사라졌다.

8.

창문을 두드려 아주머니와 잠시 얘기를 나눈 뒤 칼과 안나는 집으로 향했다.
이사 간 새집도 자그마한 정원이 있는 집이었다.
칼은 걷는 내내 식물들과 자신의 미래에 대해 생각했다.
커다란 왕관초들 그리고 박사가 되는 것이었다.
"안나, 걷기 힘들면 내 등에 업혀. 난 아직 쌩쌩해.
넌 꽤 가벼우니까 괜찮아."
안나는 칼의 등에 올라타서 그가 들고 있던 막대기를 한 손에 건네받았다.
그렇게 남매는 다시 집을 향해 출발했다.
"왜 그 아이들은 학교에 가지 않을까? 나도 그렇고?"
안나가 칼의 귀에 대고 속삭였다.
칼은 안나의 물음에 끝내 답하지 못했다.

"오빠가 나에게 꽃에 대한 모든 것을 가르쳐 줘야 해.
그리고 정리도 같이 하자. 전부 다 가르쳐 줄 거지?"
칼은 고개를 끄덕였다.
"그래, 난 교수가 돼서 세상에서 자라나는 모든 것에 대해
가르칠 거야. 꼭 그렇게 할 거야!"
"아까 뭐라고 했지? 살아 있는 모든 것은 기다리고...."

"살아 있는 모든 것은 자라고 있어."
"맞다, 모든 것은 자라고 있다고 했어. 달걀처럼."
칼의 말에 안나가 맞장구를 쳤다.
칼은 평소처럼 여기저기를 유심히 살피며 걷다가 길가에 홀로 피어 있는 노란 꽃 한 송이를 발견했다.
그 꽃은 땅이 조금 솟아올라 눈이 녹은 곳에 피어 있었다.
"저기 올봄에 처음으로 핀 머위꽃이 있네. 터실라고 파르파라 엘."
칼이 웃으며 말했다.

칼은 하얗고 깨끗한 눈 위에 커다란 발자국을 남기며 걸어갔다.

칼 폰 린네
CARL VON LINNÉ

단지 유명한 식물학자만이 아닌 자신의 꿈을
가슴에 안고 사는 한 소년의 이야기.

이 판타지는 자신의 미래에 대해 꿈을 꾸고 있는 한 아이의 이야기이다. 그 꿈은 거의 현실이 되었다! 칼 린네아는 스몰란드의 로스율트에 있는 농장의 작은 통나무집에서 태어났다. 그의 아버지 닐스는 목사였고 꽃에 대해 큰 흥미를 가지고 있었다. 아버지의 지인들 중에는 식물학자들이 많았다. 몇 년 후 그의 가족은 로스율트에서 조금 떨어진 스텐브로율트라는 곳으로 이사했다. 이전 집에는 다른 가족이 이사와 살았는데 칼의 정원은 그대로 남겨 놓았다. 그렇게 칼은 어린 나이에 자기만의 정원을 가질 수 있었고 아버지처럼 꽃에 관심을 두기 시작했다. 아버지는 마음속으로 칼이 교사나 식물학자가 되길 기대하고 있었다. 반면 어머니는 그가 성직자가 되기를 바랐다. 칼의 동생 안나도 로스율트에서 태어났다. 그리고 그 후 더 많은 동생들이 생겼다. 린네아는 항상 자신이 꽃과 동물의 종류를 정리할 수 있다고 생각했다. 모든 것을 설명하고 세계 공통의 이름을 만들 수 있는 시스템을 개발하고자 했다. 그리고 만약 그 종류들에 부합하지 않으면 그는 그것을 '돌연변이'라고 불렀다. 칼은 미신을 믿지 않았고 자신의 운

명은 스스로 개척해 간다고 믿었다. 그는 자신이 무엇이 될지에 대한 확신이 있었다. 목표를 향해 나아가고자 하는 뚜렷한 야망도 있었다. 그래서 칼이 자신의 미래에 대해 자주 이야기하는 것은 전혀 이상한 일도 아니었다. 그리고 칼은 동생들도 자신과 공평하게 자라길 바랐을 것이다. 동생 안나 역시 벡훼의 학교에서 공부하길 원했다. 그러나 가난했던 그 시절에 학교 등록금은 굉장히 비쌌다. 안나는 결국 학교에 다니지 못했고 한 남자의 아내가 되어 열 명의 아이를 낳았다. 칼은 어렸을 때 린네아로 불

렸지만 자신의 연구 발표로 왕으로부터 귀족 작위를 수여받고부터는 칼 폰 린네로 불리게 되었다. 칼은 다른 귀족과 달리 자신의 문장(紋章)에 사자나 전설 속 유니콘 같은 동물을 넣고 싶지 않았다. 대신 달걀을 넣길 원했다. 달걀에는 모든 것이 들어 있고 그것이 나중에는 완벽한 새로 변하기 때문이다. 세상의 모든 것은 성장한다. 아이일 때도 이미 성인의 모습이 담겨 있다. 세상의 모든 살아 있는 것은 자라고 있다.

- 울프 닐손

식물학자 칼 폰 린네의 어린 시절 이야기
세상의 모든 것은 자라고 있어

1판 1쇄 인쇄 2024년 4월 23일
1판 1쇄 발행 2024년 4월 30일

지은이 | 울프 닐손
그린이 | 세실리아 헤이낄레
옮긴이 | 전은선
펴낸이 | 한소원
펴낸곳 | 우리나비

등록 | 2013년 10월 25일(제387-2013-000056호)
주소 | 경기도 부천시 작동로 3번길 17
전화 | 070-8879-7093 **팩스** | 02-6455-0384
이메일 | michel61@naver.com

ISBN 979-11-91884-46-3 77850

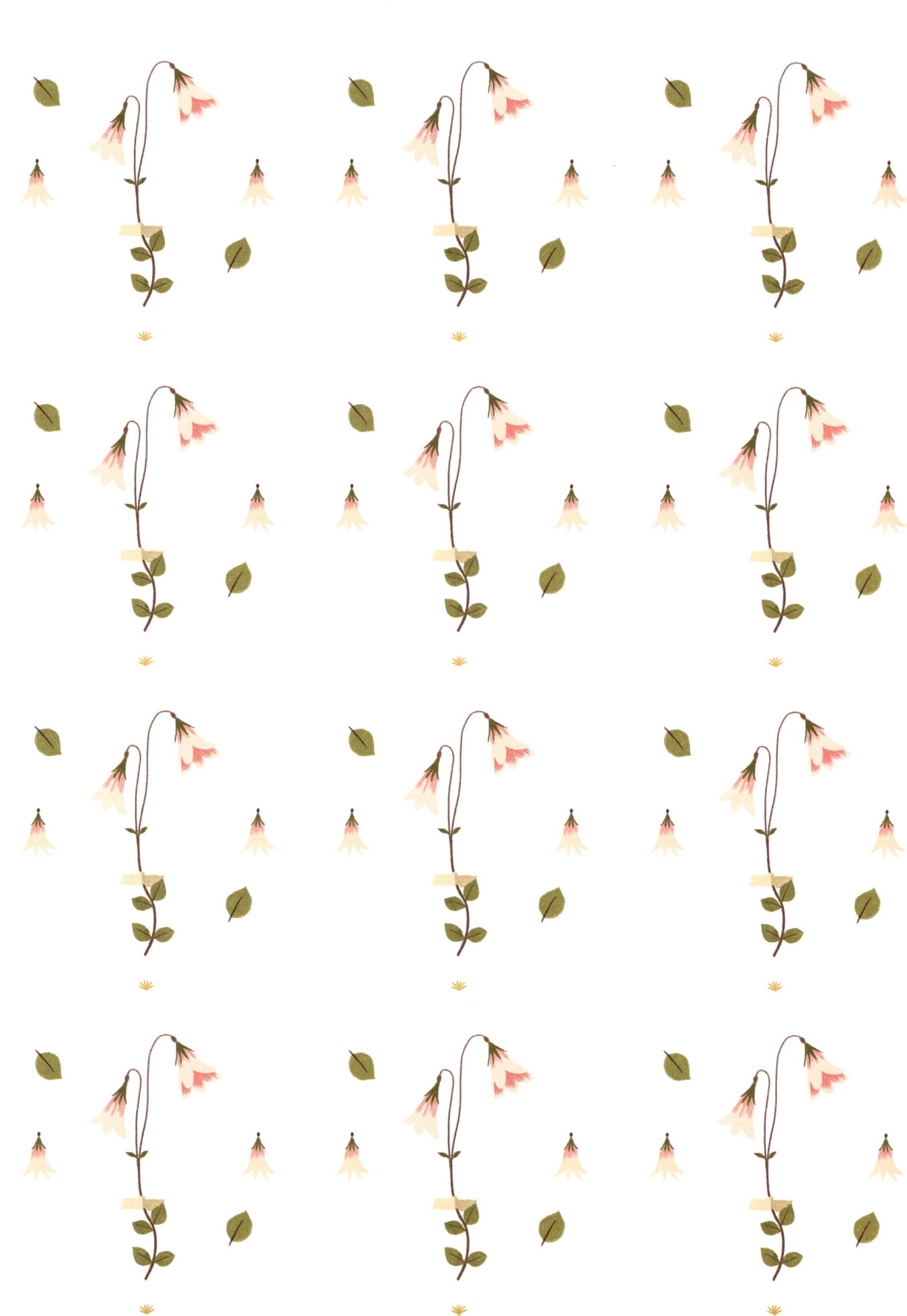